Cookies

PEGGY PORSCHEN

FOTOS VON
GEORGIA GLYNN SMITH

Edition
Fackelträger

Für meine Jungs, Bryn & Max

Inhalt

Back-Tipps

ZUTATEN

- Nur die besten Zutaten, wie Eier aus Freilandhaltung, echte Butter (keine Margarine) und echte Extrakte (keine Essenzen), garantieren gute Ergebnisse.

- Alle Zutaten sollten Raumtemperatur haben, sofern im Rezept nichts anderes angegeben ist. Bei Bedarf kann die Butter in der Mikrowelle bei Auftau-Einstellung etwas aufgeweicht werden, und Eier mit intakter Schale können in einer Schüssel mit warmem Wasser 10 Minuten lang sanft erwärmt werden.

TEIG KNETEN UND AUSROLLEN

- Teig stets gekühlt ausrollen.

- Den Teig vor dem Ausrollen kurz durchkneten, damit er weich wird. Den Teig nicht zu sehr kneten und stets nur einmal ausrollen, da er sonst hart wird.

- Beim Ausrollen so wenig Mehl wie möglich verwenden, da der Teig sonst trocken und spröde wird.

- Marzipan Spacer oder Teigstäbe verwenden, um eine gleichmäßige Dicke zu erzielen.

- Cookies stets aus gekühltem oder gefrorenem Teig backen, damit sie nicht verlaufen.

FORMEN AUSSTECHEN

- Verwenden Sie Plätzchenausstecher für die Formen – ausgefallenere Varianten finden sich auf www.peggyporschen.com. Alternativ können aus Pappe Vorlagen für die Cookies gemäß den Maßangaben im Rezept hergestellt werden.

ZEITVORGABEN & TEMPERATUREN

- Hierbei handelt es sich nur um Richtwerte. Bedenken Sie, dass Backöfen hinsichtlich der Genauigkeit stark variieren können. Die angegebenen Temperaturen beziehen sich auf Ober-/Unterhitze. Bei Verwendung von Umluft reduziert sich die Temperatur um 10–15 °C.

- Jeweils Cookies derselben Größe zusammen backen, da sonst die kleineren verbrennen, während die größeren noch backen.

- Nach der halben Backzeit die Backbleche austauschen, damit alle Seiten gleichmäßig backen.

TROCKNEN & FEUCHTIGKEIT

- Bei feuchten Wetterbedingungen braucht Royal Icing evtl. länger zum Trocknen. Der Trockenvorgang kann beschleunigt werden, indem glasierte Cookies ca. 30 Minuten in den warmen Backofen (bei ca. 80 °C) gestellt werden. Falls Sie regelmäßig viele Cookies backen, lohnt sich evtl. die Anschaffung eines Lufttrockners.

- Gelegentlich treten bei hell gefärbter Glasur Fettflecken auf. Das liegt in der Regel daran, dass die Umgebungsfeuchtigkeit zu hoch ist oder die Cookies beim Trocknen im Ofen zu heiß geworden sind, wodurch das Fett aus der Butter läuft und Flecken bildet. Evtl. wird die Farbe nach einigen Tagen ebenmäßig; um die Fleckenentstehung zu vermeiden, können die Cookies vor dem Glasieren mit einer dünnen Schicht gekochter, gesiebter Aprikosenkonfitüre bestrichen werden. Wenn sie getrocknet sind, können die Cookies weiterverarbeitet werden.

- Bei zu hoher Umgebungsfeuchtigkeit können Cookies weich werden. Zu trockene Luft kann andererseits dazu führen, dass die Glasur abfällt. Daher ist es notwendig, Cookies in luftdichten Behältern oder in Frischhaltefolie gewickelt aufzubewahren.

- Lebkuchen-Cookies werden weich, wenn sie sich zu lange in feuchter Umgebung befinden. Lebkuchen-Cookies, die ihre Festigkeit verlieren, kurz bei 100 °C in den Backofen schieben, bis sie wieder knackig sind.

LAGERUNG & HALTBARKEIT

- Teig oder noch nicht gebackene Cookies können in Frischhaltefolie gewickelt bis zu 3 Monaten eingefroren werden. Aus gefrorenem Teig gebackene oder gefrorene Cookies behalten ihre Form besser, da sie sich im Backofen nicht so ausbreiten wie lediglich gekühlte Cookies.

- Im luftdichten Behälter aufbewahrt halten sich gebackene Zucker-Cookies bis zu 1 Monat, gebackene Lebkuchen-Cookies halten sich bis zu 3 Monaten.

- Der Geruch der Cookies verrät, ob sie verdorben sind. Verdorbene Cookies riechen nach schaler, ranziger Butter.

COOKIES BEARBEITEN

- Cookies mit Löchern zum Durchziehen von Schleifenbändern versehen:

Löcher dürfen nur gebohrt werden, wenn die Glasur vollkommen getrocknet ist, da sie sonst bricht. Dafür einen Elektrobohrer mit einem sauberen, sterilisierten Bohraufsatz (ca. 3–4 mm ∅) senkrecht halten und ein kleines Loch in jeden Cookie bohren.

Alternativ können Löcher mit einem winzigen, runden Plätzchenausstecher oder der Spitze einer langen, dünnen Spritzdüse in die noch heißen Cookies gebohrt werden.

Achten Sie darauf, dass Sie sich bei dieser Methode nicht die Finger an den heißen Cookies verbrennen.

- Für Cookie-Pops den Teig 4–5 mm dick ausrollen. Cookies mit dem Plätzchenausstecher ausstechen, dann einen Kuchen- oder Keksstiel zur Hälfte in jeden Cookie stecken. Bei Bedarf den Cookie an der Rückseite mit Teigflicken ausbessern.

Vanille-Cookies

ERGIBT 25 MITTLERE ODER 12 GROSSE COOKIES

ZUTATEN

200 g weiche Butter

200 g extrafeiner Zucker

Mark von 1 Vanilleschote oder 1 EL Vanilleextrakt

1 Prise Salz

1 Ei (Größe M)

400 g Mehl zzgl. ein wenig zum Bestäuben

Zwei Backbleche mit fettabweisendem Papier auskleiden.

Butter, Zucker, Vanille und Salz in einer Schüssel cremig rühren. Die Mischung nicht zu stark bearbeiten, da sich die Cookies sonst während des Backens ausbreiten.

Das Ei in einer Schüssel schlagen und langsam die Buttermischung hinzufügen; weiterschlagen, bis sich alles gut vermengt hat. Mehl in die Mischung sieben und mixen, bis alles gerade eben verbunden ist. Teig zu einer Kugel formen, in Frischhaltefolie wickeln und mindestens 30 Minuten kalt stellen.

Teig auf eine leicht bemehlte Oberfläche legen und kurz kneten. Teig 4–5 mm dick ausrollen (sofern im Rezept nicht anders angegeben).

Mit Plätzchenausstechern die gewünschten Formen ausstechen und Cookies auf das vorbereitete Backblech legen. Nochmals 30 Minuten kalt stellen, bis sie kühl und fest sind. In der Zwischenzeit den Backofen auf 175 °C vorheizen.

Cookies 6–10 Minuten backen, bis die Ränder goldbraun sind. Auf dem Kuchengitter vollständig abkühlen lassen.

AROMEN

Zitrone: Vanille weglassen und die fein abgeriebene Schale von einer Zitrone hinzufügen.

Schokolade: Vanille weglassen und durch 50 g Mehl und 50 g Kakaopulver ersetzen.

Lebkuchen-Cookies

ERGIBT 40 MITTLERE ODER 20 GROSSE COOKIES

ZUTATEN

210 g hellbrauner Zucker

3 EL dunkler Zuckerrübensirup

3 EL heller Zuckerrübensirup

3 EL gemahlener Ingwer

3 EL gemahlener Zimt

1 TL gemahlene Nelken

250 g gesalzene Butter, kalt

1 TL Natron

560 g Mehl zzgl. ein wenig zum Bestäuben

Vier Backbleche mit fettabweisendem Papier auskleiden.

Braunen Zucker, dunklen und hellen Zuckerrübensirup, Ingwer, Zimt und Nelken mit 5 EL Wasser in einen Topf geben. Mischung bei mittlerer Hitze unter ständigem Rühren zum Kochen bringen.

Aus dem Ofen nehmen und nach und nach die gewürfelte Butter hinzufügen. Rühren, bis alles verbunden ist. Natron hinzufügen – aufpassen, da die Mischung aufquellen wird. Auf Raumtemperatur abkühlen lassen.

Die abgekühlte Mischung in eine große Schüssel geben. Mehl hineinsieben und langsam vermengen, bis sich ein etwas feuchter und klebriger Teig ergibt. In Frischhaltefolie wickeln und 2 Stunden kalt stellen, bis der Teig kühl und fest ist.

Teig auf eine leicht bemehlte Oberfläche legen und auf 5–6 cm Dicke (sofern nicht anders angegeben) ausrollen.

Mit Plätzchenausstechern die gewünschten Formen ausstechen und Cookies auf Backbleche legen. Nochmals mindestens 30 Minuten kalt stellen. In der Zwischenzeit den Backofen auf 200 °C vorheizen.

Cookies 8–10 Minuten backen, bis die Ränder leicht dunkel sind. Auf dem Kuchengitter vollständig abkühlen lassen.

Grafik-Fliesen

ERGIBT 25 COOKIES

ZUTATEN

1 Lage Vanille-Cookies (s. S. 8) in der Form von Fliesen (8 x 8 cm)

500 g Royal Icing (s. S. 56)

Lebensmittelfarben: Grün, Blau, Rosa, Gelb und Schwarz

SPEZIALWERKZEUG

geometrische Schablonen, erhältlich bei Peggy Porschen oder selbst gemacht (s. S. 62)

Zunächst die Papierspritzbeutel herstellen (s. S. 57). Konsistenz des Royal Icing (s. S. 58 und 60) angleichen. Benötigt werden ein Beutel weißes weichzipfeliges Royal Icing und ein Beutel weißes flüssigeres Royal Icing zum Ausfüllen der Innenflächen. Nach der Zubereitung die Spritzbeutel zwischen den Arbeitsgängen in wiederverschließbaren Plastikbeuteln vor dem Austrocknen bewahren.

Von der Spitze des mit weichzipfeligem Royal Icing gefüllten Spritzbeutels ein kleines Stück abschneiden und die Umrisslinie des Cookies aufspritzen, dann die umrissene Innenfläche mit dem flüssigeren Royal Icing ausfüllen. Glasur vollständig abkühlen lassen.

In der Zwischenzeit das verbleibende Royal Icing in sechs Teile aufteilen, einen Beutel weißes weichzipfeliges Royal Icing für Dekorationszwecke aufbewahren und den Rest (s. S. 56) grün, blau, rosa, gelb und hellgrau (unter Verwendung schwarzer Lebensmittelfarbe) färben. Royal Icing in weichzipfelige Konsistenz bringen und in getrennten, mit einem feuchten Tuch abgedeckten Schüsseln vor dem Austrocknen bewahren.

Ein Fünftel der Cookies mithilfe einer Schablone (s. S. 62) und grünem weichzipfeligen Royal Icing mit einem Muster versehen. Vorgang mithilfe der anderen Farben und Schablonen bei den verbleibenden Cookies wiederholen. Schablonen zwischen den Arbeitsgängen stets reinigen.

Bei den getrockneten Cookies mit etwas weißem weichzipfeligen Royal Icing einen Außenrand aufspritzen.

Sweetheart Cookie Pops – Cookies mit Herzfüllung

ERGIBT 25 COOKIES

ZUTATEN

1 Lage Vanille-Cookieteig (s. S. 8), daraus gewellte Kreise (8 cm Ø) unter Verwendung der Technik für Cookie-Pops herstellen

Keks- oder Kuchen-Pop-Stiele

500 g Royal Icing (s. S. 56)

Lebensmittelfarben: Rosa und Rot

50 g Blütenpaste

weißes Pflanzenfett

Esskleber

Mehl zum Bestäuben

SPEZIALWERKZEUG

kleiner Herzausstecher

Zunächst die Cookie-Pops herstellen (s. S. 7).

Papierspritzbeutel herstellen (s. S. 57). Farbe (s. S. 56) und Konsistenz des Royal Icing (s. S. 58 und 60) angleichen. Benötigt werden ein Beutel hellrosafarbenes weichzipfeliges Royal Icing, ein Beutel weißes weichzipfeliges Royal Icing und ein Beutel flüssigeres Royal Icing in Hellrosa zum Ausfüllen der Innenflächen. Nach der Zubereitung die Spritzbeutel zwischen den Arbeitsgängen in wiederverschließbaren Plastikbeuteln vor dem Austrocknen bewahren.

Ein kleines Stück von der Spitze des Spritzbeutels mit dem hellrosafarbenen weichzipfeligen Royal Icing abschneiden. Den Umriss eines Kreises direkt unterhalb des gewellten Randes der Cookies aufspritzen. Die umrissenen Innenflächen mit dem flüssigeren Royal Icing in Hellrosa ausfüllen und vollständig trocknen lassen.

In der Zwischenzeit die Blütenpaste glatt und geschmeidig kneten. Bei Bedarf eine kleine Menge Pflanzenfett zufügen, falls sich die Paste hart und spröde anfühlt. Etwas rote Lebensmittelfarbe einkneten, dann die Paste 1 mm dick ausrollen. Mit einem kleinen Herzausstecher Herzen ausstechen und mit Esskleber in die Mitte der Cookies kleben.

Zum Schluss mit weißem weichzipfeligen Royal Icing Tupfen auf jede Welle und um die Herzen herum aufspritzen.

Flatternde Schmetterlinge

ERGIBT 6 COOKIES JEDER GRÖSSE

ZUTATEN

1 Lage Schoko-Cookies (s. S. 8) in Schmetterlingsform, vor dem Backen in zwei Hälften geschnitten: klein (6 cm), mittel (9 cm) und groß (12 cm)

500 g Royal Icing (s. S. 56)

Lebensmittelfarben: Braun, Grün, Orange, Violett, Blau, Rosa und Gelb

TIPP

Um einen türkisen Farbton zu erzielen, etwas gelbe mit blauer Lebensmittelfarbe mischen.

Zunächst die Papierspritzbeutel herstellen (s. S. 57). Farbe (s. S. 56) und Konsistenz des Royal Icing (s. S. 58 und 60) angleichen. Benötigt werden ein Beutel braunes steifzipfeliges Royal Icing, ein Beutel braunes weichzipfeliges Royal Icing und ein Beutel flüssigeres Royal Icing in jeder Farbe zum Ausfüllen der Innenflächen (Grün, Orange, Violett, Blau, Rosa und Gelb). Nach der Zubereitung die Spritzbeutel zwischen den Arbeitsgängen in wiederverschließbaren Plastikbeuteln vor dem Austrocknen bewahren.

Von der Spitze des mit braunem weichzipfeligen Royal Icing gefüllten Spritzbeutels ein kleines Stück abschneiden und die Umrisslinien der Schmetterlingsflügel aufspritzen. Die umrissenen Innenflächen mit flüssigerem Royal Icing in einer Farbe nach Wahl ausfüllen. Auf das noch nasse Royal Icing flüssiges Royal Icing einer anderen Farbe in die Mitte der Flügel spritzen. Jede Innenfläche mit einem dritten, flüssigen Royal Icing in kontrastierender Farbe ausfüllen. Bei den kleinsten Schmetterlingen nur zwei verschiedene Farben benutzen.

Für das fedrige Flügelmuster einen Cocktailspieß durch die feuchte Glasur ziehen, dabei von den Rändern aus nach innen arbeiten. Für die flachen Tupfen flüssiges Royal Icing in die frisch ausgefüllten Flächen tropfen lassen. Glasur vollständig trocknen lassen.

Dann die Schmetterlingskörper aus braunem steifzipfeligen Royal Icing herstellen. In die Mitte eines Cupcake-Förmchens einen langen Abschnitt steifzipfeliges Royal Icing spritzen und die beiden Flügel in die Mitte kleben. Ein etwas größeres Loch in die Spitze des Spritzbeutels schneiden und die Körper zwischen die Flügel spritzen, dabei eine Tropfenform bilden, die nach unten hin schmaler wird. Für den Kopf einen großen Tupfen über den Tropfen spritzen.

6
4
5
1
7
2
9

Segelboote

ERGIBT 20 COOKIES

ZUTATEN

1 Lage Vanille-Cookies (s. S. 8) in der Form von Segelbooten (8 x 10 cm)

500 g Royal Icing (s. S. 56)

Lebensmittelfarben: Blau, Rot und Schwarz

Zunächst die Papierspritzbeutel herstellen (s. S. 57). Farbe (s. S. 56) und Konsistenz des Royal Icing (s. S. 58 und 60) angleichen. Benötigt werden weichzipfeliges und flüssigeres Royal Icing zum Ausfüllen der Innenflächen in den Farben Weiß, Hellblau, Dunkelblau und Königsrot. Nach der Zubereitung die Spritzbeutel zwischen den Arbeitsgängen in wiederverschließbaren Plastikbeuteln vor dem Austrocknen bewahren.

Von der Spitze eines mit weichzipfeligem Royal Icing gefüllten Spritzbeutels ein kleines Stück abschneiden und die Umrisslinie eines Schiffskörpers auf einen Cookie spritzen. Die umrissene Innenfläche mit dünnerem Royal Icing derselben Farbe ausfüllen. Vorgang für die verbleibenden Cookies wiederholen und dabei weichzipfeliges und dünnes Royal Icing aller zubereiteten Farben verwenden. Vollständig trocknen lassen.

Vorgang wiederholen, um die kleinen rechteckigen Abschnitte über dem Schiffskörper mit kontrastierenden Farben zu umreißen und auszufüllen. Vollständig trocknen lassen, dann mit weichzipfeligem Royal Icing dekorative Linien und Tupfen aufspritzen.

Mit hellblauem Royal Icing Masten längs an den Segeln entlang von der oberen Ecke bis zum Schiffskörper hinunter aufspritzen.

Segel mit weißem weichzipfeligen Royal Icing umreißen, dann mit weißem flüssigeren Royal Icing ausfüllen. In die noch nasse Glasur mit hellblauem, dunkelblauem und rotem flüssigeren Royal Icing Linien über die größeren Segel spritzen. Vollständig trocknen lassen.

Zum Abschluss mit dunkelblauem weichzipfeligen Royal Icing Nummern in die Ecken der kleineren Segel spritzen.

Geburtstagsparty

ERGIBT 6 TORTEN & 9 GESCHENKE

ZUTATEN

1 Lage Vanille-Cookies (s. S. 8) in der Form von Vierecken (6 x 6 cm) und Torten mit 3 Etagen (10 x 10 cm)

500 g Royal Icing (s. S. 56)

Lebensmittelfarben: Blau, Bordeauxrot, Rosa und Gelb

TIPP

Die Torten-Cookies können mit Bögen, Linien, Tupfen und anderen Mustern dekoriert werden oder es kann z. B. der Schriftzug „Happy Birthday" quer über die Mitte geschrieben werden. Für Tupfen das weichzipfelige Royal Icing mit etwas Wasser verdünnen, damit keine Zipfel entstehen.

Zunächst die Papierspritzbeutel herstellen (s. S. 57). Farbe (s. S. 56) und Konsistenz des Royal Icing (s. S. 58 und 60) angleichen. Benötigt werden weichzipfeliges sowie flüssigeres Royal Icing zum Ausfüllen der Innenflächen in den Farben Weiß, Blau, Bordeauxrot, Rosa und Gelb. Nach der Zubereitung die Spritzbeutel zwischen den Arbeitsgängen in wiederverschließbaren Plastikbeuteln vor dem Austrocknen bewahren.

Für die Geschenke von der Spitze eines mit blauem weichzipfeligen Royal Icing gefüllten Spritzbeutels ein kleines Stück abschneiden und auf einen viereckigen Cookie eine Umrisslinie spritzen. Die Innenfläche mit blauem flüssigen Royal Icing ausfüllen. In die noch nasse Glasur mit flüssigerem Royal Icing in kontrastierender Farbe diagonale Linien spritzen. Vorgang für die verbleibenden viereckigen Cookies wiederholen und dabei Royal Icing in Bordeauxrot, Rosa und Gelb zum Dekorieren verwenden.

Auf die getrockneten Cookies Schleifen in zu den diagonalen Streifen passender Farbe spritzen. Zunächst mit weichzipfeligem Royal Icing ein Kreuz in die Mitte des Geschenks, dann die Schleife aufspritzen.

Die Umrisslinien der beiden unteren Etagen der Geburtstagstorte mit weißem weichzipfeligen Royal Icing aufspritzen. Die Innenflächen mit weißem dünneren Royal Icing ausfüllen.

Bei den getrockneten Cookies Umrisslinien und Innenlinien der beiden unteren Etagen der Torte durch Aufspritzen von weißem Royal Icing markieren. Mit weichzipfeligem Royal Icing in verschiedenen Farben Kerzen und obenauf gelbe Flammen spritzen. Vollständig trocknen lassen.

Ballons

ERGIBT 25 COOKIES

ZUTATEN

1 Lage Vanille-Cookies (s. S. 8) in der Form von Luftballons (7 cm ∅)

500 g Royal Icing (s. S. 56)

Lebensmittelfarben: Blau, Rosa und Gelb

Esskleber (zum Ankleben der Bänder)

TIPP

Als zusätzliche Deko kann mit Esskleber ein Satinband an die Rückseite der Ballons geklebt werden.

Zunächst die Papierspritzbeutel herstellen (s. S. 57). Farbe (s. S. 56) und Konsistenz des Royal Icing (s. S. 58 und 60) angleichen. Benötigt werden weichzipfeliges und flüssigeres Royal Icing zum Ausfüllen der Innenflächen in den Farben Blau, Rosa und Gelb; außerdem ein Beutel weißes flüssigeres Royal Icing. Nach der Zubereitung die Spritzbeutel zwischen den Arbeitsgängen in wiederverschließbaren Plastikbeuteln vor dem Austrocknen bewahren.

Von der Spitze eines mit blauem weichzipfeligen Royal Icing gefüllten Spritzbeutels ein kleines Stück abschneiden und die Umrisslinien der Ballons auf ein Drittel der Cookies spritzen, dann die umrissenen Innenflächen mit blauem flüssigeren Royal Icing ausfüllen. In die noch nasse Glasur einen Tropfen weißes flüssigeres Royal Icing in die Nähe des oberen Ballonrands setzen. Einen Cocktailspieß der Rundung des Ballons folgend durch die weiße Glasur ziehen und in der blauen Fläche einen „Glanzpunkt" ziehen; dadurch erhalten die Ballon-Cookies einen dreidimensionalen Effekt.

Vorgang für die verbleibenden Ballon-Cookies wiederholen und dabei jeweils eine gleiche Anzahl mit rosa und gelbem Royal Icing dekorieren. Vollständig trocknen lassen.

Blüten in floraler Brush-Embroidery-Technik

ERGIBT 30 KLEINE & 20 GROSSE COOKIES

ZUTATEN

1 Lage Vanille-Cookies (s. S. 8) in der Form von fünfblättrigen Blüten (5 cm ∅)

1 Lage Lebkuchen-Cookies (s. S. 9) in ovaler Form mit gewellten Rändern (12 x 8 cm)

500 g Royal Icing (s. S. 56)

essbarer Goldstaub

Wodka und Zitronensaft

Spritzgel

SPEZIALWERKZEUG

1 feiner Künstlerpinsel

TIPP

Falls mit den Pinselstrichen etwas mehr Konturenschärfe erzeugt werden soll, den Pinsel zwischen den Fingern trocknen und leicht abflachen. Dann den Pinsel durch die Glasur auf dem dünneren Rand ziehen.

Zunächst die Papierspritzbeutel herstellen (s. S. 57). Farbe (s. S. 56) und Konsistenz des Royal Icing (s. S. 58 und 60) angleichen. Benötigt wird weißes weichzipfeliges Royal Icing. Nach der Zubereitung den Spritzbeutel zwischen den Arbeitsgängen in einem wiederverschließbaren Plastikbeutel vor dem Austrocknen bewahren.

Mit dem Spritzen und Ausstreichen der Blüten-Cookies (s. S. 63) beginnen. Unter Verwendung derselben Methode eine zweite Schicht aus fünf kleineren Blütenblättern herstellen, dabei die Blütenblätter gleichmäßig zwischen den Blütenblättern der ersten Lage anordnen. Vollständig trocknen lassen, dann eine feine Umrisslinie über die Blütenblattränder spritzen, gefolgt von den Blütenmitten, die aus einem Tupfen, umgeben von sechs Tupfen, bestehen.

Unter Verwendung derselben Brush-Embroidery-Technik die ovalen Lebkuchen-Cookies dekorieren. Hier werden die Blüten jedoch in freier Form aufgespritzt, wobei jede Blüte aus einer Lage mit drei bis vier Blütenblättern besteht. Eine dünne Umrisslinie über die Blütenblattränder spritzen, gefolgt von einem Tupfen in der Mitte der kleineren Blüten, und vier Tupfen für die größeren Blüten.

Goldstaub, Wodka und Spritzgel vermengen, um eine dicke Paste zu erhalten. Die Blüten mit Goldstaub verschönern. Wenn die Cookies getrocknet sind, die Paste mit einem feinen Künstlerpinsel über die Blütenblattränder und Blütenmitten pinseln.

Babybodys

ERGIBT 25 COOKIES

ZUTATEN

1 Lage Vanille-Cookies (s. S. 8) in der Form von Babybodys (7 x 10 cm) oder Ausstecher von Peggy Porschen

500 g Royal Icing (s. S. 56)

Lebensmittelfarben: Rosa, Blau, Gelb und Braun

50 g Blütenpaste

weißes Pflanzenfett

Esskleber (optional)

SPEZIALWERKZEUG

kleine Ausstecher in der Form von Teddybären, Walen und Enten, erhältlich bei Peggy Porschen, oder andere Formen nach Wunsch

TIPP

Alternativ können einige Bodys auch ohne Muster oder Dekoration bleiben, es können Streifen oder Tupfen mit dünnerem Royal Icing in verschiedenen Farben aufgespritzt werden.

Zunächst die Papierspritzbeutel herstellen (s. S. 57). Farbe (s. S. 56) und Konsistenz des Royal Icing (s. S. 58 und 60) angleichen. Benötigt werden weichzipfeliges und flüssigeres Royal Icing in den Farben Hellrosa, Hellblau, Hellgelb und Weiß; außerdem ein Beutel braunes weichzipfeliges Royal Icing. Nach der Zubereitung die Spritzbeutel zwischen den Arbeitsgängen in wiederverschließbaren Plastikbeuteln vor dem Austrocknen bewahren.

Von der Spitze eines mit hellrosafarbenem weichzipfeligen Royal Icing gefüllten Beutels ein kleines Stück abschneiden und die Umrisslinien der Babybodys auf ein Drittel der Cookies spritzen, dann die Innenflächen mit hellrosafarbenem flüssigeren Royal Icing ausfüllen. In die noch nasse Glasur mit weißem flüssigeren Royal Icing Querlinien über die Cookies spritzen. Vorgang für die verbleibenden Cookies wiederholen, dabei jeweils eine gleiche Anzahl mit blauem und gelbem Royal Icing dekorieren.

Blütenpaste glatt und geschmeidig kneten; falls sich die Paste hart und spröde anfühlt, etwas Pflanzenfett hinzufügen. Paste in drei Teile aufteilen; einen mit blauer, einen mit gelber und einen mit brauner Lebensmittelfarbe färben. Die Pasten 1 mm dick ausrollen. Teddybären, Wale und Enten ausstechen und mit Esskleber oder einem Tupfen Royal Icing auf die Bodys kleben.

Weichzipfeliges Royal Icing in den entsprechenden Farben über die Umrisslinien und die Einzelheiten der Bodys aufspritzen.
Mit weichzipfeligem weißen Royal Icing drei Tupfen als Knöpfe aufspritzen. Mit weichzipfeligem braunen, rosafarbenen und gelben Royal Icing Einzelheiten auf die Teile aus Blütenpaste spritzen.

Lebkuchenmänner im Glas

ERGIBT 20 COOKIES

ZUTATEN

1 Lage Lebkuchen-Cookies (s. S. 9) in der Form von Deckelgläsern (8 x 12 cm)

500 g Royal Icing (s. S. 56)

Lebensmittelfarben: Elfenbein, Blau, Rot und Braun

100 g Blütenpaste

weißes Pflanzenfett

Esskleber

SPEZIALWERKZEUG

kleiner Lebkuchenmann-Ausstecher

TIPP

Mithilfe des Lebkuchenmann-Ausstechers können Teile von den Lebkuchenmännern entfernt werden, die einander überlappen, sodass die Figuren wie Puzzleteile ineinandergefügt werden können.

Zunächst die Papierspritzbeutel herstellen (s. S. 57). Farbe (s. S. 56) und Konsistenz des Royal Icing (s. S. 58 und 60) angleichen. Benötigt werden weichzipfeliges und flüssigeres Royal Icing in den Farben Elfenbein und Hellblau sowie ein Beutel mit rotem und ein Beutel mit weißem Royal Icing. Nach der Zubereitung die Spritzbeutel zwischen den Arbeitsgängen in wiederverschließbaren Plastikbeuteln vor dem Austrocknen bewahren.

Von der Spitze eines mit hellblauem weichzipfeligen Royal Icing gefüllten Spritzbeutels ein kleines Stück abschneiden und die Umrisslinie des Glases unter Aussparung der Deckelpartie nachziehen. Die Innenfläche mit hellblauem dünneren Royal Icing ausfüllen. Vorgang wiederholen und vollständig trocknen lassen.

Die Umrisslinien der Gläserdeckel mit elfenbeinfarbigem weichzipfeligen Royal Icing nachziehen, die Innenflächen mit elfenbeinfarbigem dünneren Royal Icing ausfüllen und trocknen lassen.

Blütenpaste glatt und geschmeidig kneten; falls sich die Paste hart und spröde anfühlt, etwas Pflanzenfett hinzufügen. Etwas braune Lebensmittelfarbe einkneten und Paste ca. 1 mm dick ausrollen. Pro Cookie drei Lebkuchenmänner mit einem kleinen Ausstecher ausstechen. Mit Esskleber auf dem Cookie festkleben.

Die Umrisslinien und Einzelheiten der Gläserdeckel mit elfenbeinfarbigem weichzipfeligen Royal Icing aufspritzen. Die Umrisslinien der Gläser mit blauem weichzipfeligen Royal Icing aufspritzen und dabei Einzelheiten hinzufügen. Mit rotem weichzipfeligen Royal Icing Schleifen auf die Lebkuchenmänner spritzen und weißes weichzipfeliges Royal Icing zum Aufspritzen von Gesichtern und Knöpfen verwenden.

Wolken-Ballon-Mobile

ERGIBT JE 10 COOKIES

ZUTATEN

1 Lage Vanille-Cookies (s. S. 8) in der Form von Heißluftballons (8 x 10 cm) und Wolken (7 x 9 cm)

500 g Royal Icing (s. S. 56)

Lebensmittelfarben: Braun, Violett, Rosa, Mint und Blau

SPEZIALWERKZEUG

Wolkenschablonen von Peggy Porschen oder selbst gemacht (s. S. 62).

kleiner Elektrobohrer mit 3-mm-Aufsatz für den Lebensmittelgebrauch

eine Auswahl an dünnen Schleifenbändern

Zunächst die Papierspritzbeutel herstellen (s. S. 57). Farbe (s. S. 56) und Konsistenz des Royal Icing (s. S. 58 und 60) angleichen. Benötigt werden weichzipfeliges und flüssigeres Royal Icing in den Farben Hellbraun, Violett, Rosa, Mint und Blau. Nach der Zubereitung die Spritzbeutel zwischen den Arbeitsgängen in wiederverschließbaren Plastikbeuteln vor dem Austrocknen bewahren.

Von der Spitze eines mit hellbraunem weichzipfeligen Royal Icing gefüllten Spritzbeutels ein kleines Stück abschneiden und die Umrisslinie der Heißluftballons aufspritzen. Die Innenflächen mit hellbraunem dünneren Royal Icing ausfüllen. Mit violettem weichzipfeligen Royal Icing die Umrisslinien der Ballons bei einem Drittel der Cookies aufspritzen. Die Innenflächen mit violettem dünneren Royal Icing ausfüllen. Vorgang für die verbleibenden Cookies wiederholen, dabei jeweils eine gleiche Anzahl mit rosafarbenem und mintfarbigem Royal Icing ausfüllen. Vollständig trocknen lassen.

Mit hellbraunem weichzipfeligen Royal Icing die Umrisslinien und das Rautenmuster auf die Körbe spritzen. Dann die Umrisslinien und Einzelheiten auf den Ballonabschnitten in der jeweils passenden Farbe aufspritzen. Mit weichzipfeligem Royal Icing in einer anderen Farbe Schleifen und Tupfen aufspritzen.

Für Details mit weißem weichzipfeligen Royal Icing die Umrisslinien aufspritzen. Die Innenflächen mit weißem dünneren Royal Icing ausfüllen und vollständig trocknen lassen. Etwas weißes Royal Icing mit blauer Lebensmittelfarbe färben und eine weichzipfelige Konsistenz herstellen. In einer mit einem sauberen, feuchten Tuch abgedeckten Schüssel vor dem Austrocknen bewahren. Mit der Wolkenschablone Wolken herstellen (s. S. 62). Löcher für die Schleifenbänder bohren (s. S. 7) und bunte Schleifenbänder durch alle Cookies ziehen.

Ostereier

ERGIBT 30 COOKIES

ZUTATEN

1 Lage Schoko-Cookies (s. S. 8) in der Form von Eiern (4 x 7 cm)

500 g Royal Icing (s. S. 56)

Lebensmittelfarben: Bordeauxrot, Orange, Grün und Gelb

Zunächst die Papierspritzbeutel herstellen (s. S. 57). Farbe (s. S. 56) und Konsistenz des Royal Icing (s. S. 58 und 60) angleichen. Benötigt werden weichzipfeliges und flüssigeres Royal Icing zum Ausfüllen der Innenflächen in den Farben Hellrosa (unter Verwendung von Bordeauxrot), Pfirsich (unter Verwendung von Orange mit etwas Bordeauxrot), Korallenrosa (unter Verwendung von Bordeauxrot mit etwas Orange), Grün und Gelb. Nach der Zubereitung die Spritzbeutel zwischen den Arbeitsgängen in wiederverschließbaren Plastikbeuteln vor dem Austrocknen bewahren.

Von der Spitze eines mit hellrosafarbenem weichzipfeligen Royal Icing gefüllten Spritzbeutels ein kleines Stück abschneiden und einen Streifen von ca. 5 mm Breite von oben nach unten durch die Mitte eines Osterei-Cookies spritzen. Einen weiteren Streifen derselben Breite quer durch die Mitte des ersten Streifens leicht nach oben gebogen spritzen. Die umrissenen Innenflächen mit rosafarbenem flüssigeren Royal Icing ausfüllen. Vorgang für die verbleibenden Cookies wiederholen, dabei jeweils eine gleiche Anzahl mit den Farben Pfirsich, Korallenrosa, Grün und Gelb ausfüllen. Vollständig trocknen lassen.

Dann mit weichzipfeligem Royal Icing in den entsprechenden Farben die Umrisslinien für die Schleifen auf den Schnittpunkt der Bänder spritzen. Die Innenflächen der Schleifen mit dünnerem Royal Icing ausfüllen und trocknen lassen.

Zum Abschluss über die Umrisslinien der Schleifen weichzipfeliges Royal Icing spritzen und in die Mitte einen Tupfen aus flüssigerem Royal Icing setzen.

Trauzeuge

ERGIBT 14 COOKIES

ZUTATEN

1 Lage Vanille-Cookies (s. S. 8) in Smoking-Form (8 x 10 cm) bzw. Ausstecher von Peggy Porschen

500 g Royal Icing (s. S. 56)

Lebensmittelfarben: Schwarz, Rosa und Orange

Zunächst die Papierspritzbeutel herstellen (s. S. 57). Farbe (s. S. 56) und Konsistenz des Royal Icing (s. S. 58 und 60) angleichen. Benötigt werden weichzipfeliges und flüssigeres Royal Icing zum Ausfüllen der Innenflächen in den Farben Hellgrau (unter Verwendung von Schwarz), Hellrosa und Weiß; außerdem ein Beutel weichzipfeliges Royal Icing in Dunkelgrau und Pfirsich (unter Verwendung von Rosa und Orange). Nach der Zubereitung die Spritzbeutel zwischen den Arbeitsgängen in wiederverschließbaren Plastikbeuteln vor dem Austrocknen bewahren.

Von der Spitze eines mit hellgrauem weichzipfeligen Royal Icing gefüllten Spritzbeutels ein kleines Stück abschneiden und die Umrisslinien der Westen aufspritzen. Dann mit weißem weichzipfeligen Royal Icing die Halskragen und Ärmel der Hemden aufspritzen. Die umrissenen Westen mit hellgrauem flüssigeren Royal Icing ausfüllen und trocknen lassen. Wenn die Cookies getrocknet sind, Kragen und Ärmel der Hemden mit weißem flüssigeren Royal Icing ausfüllen. Vollkommen trocknen lassen.

Wenn die Cookies getrocknet sind, mit hellgrauem weichzipfeligen Royal Icing die Umrisslinien der Westen und jeweils drei Westentaschen aufspritzen. Mit weißem weichzipfeligen Royal Icing die Umrisslinien der Hemden, Kragen und Manschetten aufspritzen. Umrisslinien der Krawatten mit weichzipfeligen Royal Icing aufspritzen und die Innenflächen mit hellrosafarbenem flüssigeren Royal Icing ausfüllen und trocknen lassen.

Zum Abschluss mit dunkelgrauem weichzipfeligen Royal Icing Knöpfe auf Westen und Hemden spritzen und mit pfirsichfarbigem weichzipfeligen Royal Icing Streifen auf die Krawatten spritzen.

Brautjungfern

ERGIBT 12 COOKIES

ZUTATEN

1 Lage Vanille-Cookies (s. S. 8) in der Form von Ballkleidern (9 x 12 cm) bzw. Braut-Ausstecher von Peggy Porschen

500 g Royal Icing (s. S. 56)

Lebensmittelfarben: Orange, Rosa und Gelb

kleine essbare Zuckerblüten (entweder selbst gemacht oder aus dem Supermarkt oder dem Fachhandel)

Zunächst die Papierspritzbeutel herstellen (s. S. 57). Farbe (s. S. 56) und Konsistenz des Royal Icing (s. S. 58 und 60) angleichen. Benötigt werden weichzipfeliges und flüssigeres Royal Icing zum Ausfüllen der Innenflächen in den Farben Pfirsich (unter Verwendung von orangefarbener und rosafarbener Lebensmittelfarbe), Hellgelb und Hellrosa sowie ein Beutel weißes weichzipfeliges Royal Icing. Nach der Zubereitung die Spritzbeutel zwischen den Arbeitsgängen in wiederverschließbaren Plastikbeuteln vor dem Austrocknen bewahren.

Von der Spitze eines mit pfirsichfarbigem weichzipfeligen Royal Icing gefüllten Spritzbeutels ein kleines Stück abschneiden und die Umrisslinien der Kleider auf ein Drittel der Cookies spritzen, dann die Innenflächen mit pfirsichfarbigem flüssigeren Royal Icing ausfüllen. Vorgang für die verbleibenden Cookies wiederholen, dabei jeweils eine gleiche Anzahl mit Hellgelb und Hellrosa dekorieren. Vollständig trocknen lassen.

Wenn die Cookies getrocknet sind, mit weichzipfeligem Royal Icing Gürtel und Seidenbänder auf die Kleider spritzen.

Zum Abschluss weichzipfeliges Royal Icing verwenden, um essbare Zuckerblüten auf die Cookies zu kleben.

Eishörnchen

ERGIBT 25 COOKIES

ZUTATEN

1 Lage Vanille-Cookies (s. S. 8) in der Form von gefüllten Eishörnchen (5 x 10 cm)

500 g Royal Icing (s. S. 56)

Lebensmittelfarben: Elfenbein, Gelb, Pfirsich, Rosa und Blau

Zuckerperlen

bunte Zuckerstreusel

TIPP

Man kann flüssigeres Royal Icing am Hörnchen als schmelzendes Eis „herabtropfen" lassen.

Zunächst die Papierspritzbeutel herstellen (s. S. 57). Farbe (s. S. 56) und Konsistenz des Royal Icing (s. S. 58 und 60) angleichen. Benötigt werden weichzipfeliges und flüssigeres Royal Icing zum Ausfüllen der Innenflächen in den Farben Hellbraun (unter Verwendung von reichlich Elfenbeinfarbe), Gelb, Pfirsich, Rosa, Blau und Creme (unter Verwendung von etwas Elfenbeinfarbe). Nach der Zubereitung die Spritzbeutel zwischen den Arbeitsgängen in wiederverschließbaren Plastikbeuteln vor dem Austrocknen bewahren.

Von der Spitze eines mit hellbraunem weichzipfeligen Royal Icing gefüllten Spritzbeutels ein kleines Stück abschneiden und die Umrisslinien der Hörnchen aufspritzen. Die umrissenen Innenflächen mit hellbraunem flüssigeren Royal Icing ausfüllen und vollkommen trocknen lassen.

Wenn die Glasur getrocknet ist, mit hellbraunem weichzipfeligen Royal Icing ein Rautenmuster auf die Hörnchen spritzen.

Von der Spitze eines mit gelbem weichzipfeligen Royal Icing gefüllten Spritzbeutels ein kleines Stück abschneiden und die Umrisslinien für die „Eiscreme" auf ein Fünftel der Cookies spritzen. Die umrissenen Innenflächen mit gelbem flüssigeren Royal Icing ausfüllen. Vorgang für die verbleibenden Cookies wiederholen, dabei jeweils eine gleiche Anzahl mit Glasuren in Pfirsich, Rosa, Blau und Creme versehen.

Cookies leicht setzen lassen, dann die Eiscremeabschnitte mit Zuckerperlen und bunten Zuckerstreuseln besprenkeln. Vollkommen trocknen lassen.

Etagentorte

ERGIBT 3 ETAGENTORTEN

ZUTATEN

1 Lage Schoko-Cookieteig (s. S. 8)

500 g Royal Icing (s. S. 56)

rosafarbene Lebensmittelfarbe

rosafarbene essbare Zuckerblüten (entweder selbst gemacht oder aus dem Supermarkt oder dem Fachhandel)

Mehl zum Bestäuben

SPEZIALWERKZEUG

Viereck-Ausstecher: klein (4 x 4 cm), mittel (6 x 6 cm), groß (8 x 8 cm)

Teig zubereiten und 3 mm dick ausrollen, dann mit dem kleinen, mittleren und großen viereckigen Ausstecher Vierecke ausstechen. Benötigt werden vier Cookies jeder Größe für jede Etagentorte. Cookies auf mit fettabweisendem Papier ausgekleidete Backbleche legen und ca. 30 Minuten kalt stellen, bis sie kühl und fest sind. In der Zwischenzeit den Backofen auf 175 °C vorheizen. Cookies 6–10 Minuten backen, bis die Ränder goldbraun sind. Auf dem Kuchengitter abkühlen lassen (s. S. 8).

Royal Icing mit rosafarbener Lebensmittelfarbe etwas dunkler als die Zuckerblüten färben. Die Konsistenz des rosafarbenen Royal Icing durch Zugabe von Wasser weichzipfelig machen, einen Papierspritzbeutel herstellen (s. S. 57) und mit dem Royal Icing füllen. Zwischen den Arbeitsgängen Spritzbeutel im wiederverschließbaren Plastikbeutel vor dem Austrocknen bewahren.

Um die unterste Etage zusammenzusetzen, ein kleines Stück von der Spitze des Spritzbeutels abschneiden und eine Umrisslinie von ca. 3 mm Dicke um die Ränder der drei größten Vierecke spritzen. Letztere ebenmäßig aufeinandersetzen und mit dem vierten Cookie abschließen. Genügend Royal Icing verwenden, um etwas Höhe herzustellen und es an den Rändern der Cookies gerade eben sichtbar werden zu lassen, jedoch nicht so viel, dass es an den Seiten der Torten herabrinnt. Auf dieselbe Weise die beiden oberen Etagen jeweils aus vier Cookies herstellen. Dann jeden Abschnitt mit rosafarbenem weichzipfeligen Royal Icing zusammenfügen.

Mit Royal Icing die essbaren Zuckerblüten auf die Etagentorte kleben: ein kleines Blütenbouquet auf die Oberseite und mehrere Blüten an die Seiten.

Retro-Teekannen

ERGIBT 20 COOKIES

ZUTATEN

1 Lage Vanille-Cookies (s. S. 8) in verschiedenen Teekannenformen: blau (9 x 9 cm), rosa (7 x 10 cm), grün (7 x 10 cm) und gelb (10 x 10 cm) oder entsprechende Ausstecher von Peggy Porschen

500 g Royal Icing (s. S. 56)

Lebensmittelfarben: Blau, Rosa, Gelb und Grün

Zunächst die Papierspritzbeutel herstellen (s. S. 57). Farbe (s. S. 56) und Konsistenz des Royal Icing (s. S. 58 und 60) angleichen. Benötigt werden weichzipfeliges und etwas flüssigeres Royal Icing zum Ausfüllen der Innenflächen in den Farben Blau, Rosa, Grün und Gelb. Nach der Zubereitung die Spritzbeutel zwischen den Arbeitsgängen in wiederverschließbaren Plastikbeuteln vor dem Austrocknen bewahren.

Von der Spitze des mit blauem weichzipfeligen Royal Icing gefüllten Spritzbeutels ein kleines Stück abschneiden und die Umrisslinien der Teekannen auf ein Viertel der Cookies spritzen. Die umrissenen Innenflächen mit blauem flüssigeren Royal Icing ausfüllen. Vorgang für die verbleibenden Cookies wiederholen, dabei jeweils eine gleiche Anzahl mit rosafarbenem, gelbem und grünem Royal Icing dekorieren. Vollständig trocknen lassen.

Wenn die Glasur getrocknet ist, mit weichzipfeligem Royal Icing die Umrisslinien und Innenlinien mit der jeweils zur Ausfüllglasur passenden Farbe nachziehen.

Orchideenblüten

ERGIBT 40 COOKIES

ZUTATEN

1 Lage Vanille-Cookies (s. S. 8), klein und rund (3,5 cm ∅)

100 g Zuckerpaste

100 g Blütenpaste

weißes Pflanzenfett

Lebensmittelfarben: Grün und Violett

Esskleber

violetter Blütenstaub

100 g Royal Icing (s. S. 56)

SPEZIALWERKZEUG

Orchideenblüten-Silikonform (erhältlich bei Peggy Porschen)

essbarer Lebensmittelfarbstift: Violett

Modellierstab: Dresden Tool oder kleines Küchenmesser

Zuckerpaste und Blütenpaste ineinanderkneten, bis die Paste glatt und geschmeidig ist. Falls sich die Paste hart und spröde anfühlt, etwas weißes Pflanzenfett unterkneten. Ca. 25 g Paste mit grüner Lebensmittelfarbe auf einen hellgrünen Farbton färben; die verbleibende Paste mit einer kleinen Menge violetter Lebensmittelfarbe verkneten, um einen hellvioletten Farbton zu erzielen. Beide Pasten mit Frischhaltefolie abdecken und ca. 30 Minuten ruhen lassen.

Die Silikonform mit einer dünnen Schicht weißem Pflanzenfett einreiben. Ein haselnussgroßes Stück Paste fest in die Form drücken. Oberfläche glätten und die Ränder mit den Fingern versäubern. Die Formen vorsichtig nach außen biegen, um die Blüte zu entlassen.

Blüten fest werden lassen, dann die Ränder der Blüten mit violettem Blütenstaub bepinseln. Mit einem essbaren Stift Tupfen auf den Blütenblättern anbringen.

Aus der hellgrünen Paste eine ovale Knospe für jede Orchideenmitte formen und sanft mit dem dünnen Ende des Dresden Tool eine Kerbe von oben nach unten durch die Mitte der Knospe ziehen. Knospen mit Esskleber in der Blütenmitte befestigen. Vollständig trocknen lassen und dann Blütenstaub auftragen.

Eine kleine Menge Royal Icing auf jeden Cookie spritzen und jeweils eine Orchideenblüte darauf befestigen.

Cupcakes

ERGIBT 30 COOKIES

ZUTATEN

1 Lage Vanille-Cookies (s. S. 8) in der Form von Mini-Cupcakes (5 x 5 cm)

500 g Royal Icing (s. S. 56)

Lebensmittelfarben: Braun, Gelb, Rosa und Blau

Zuckerstreusel

Zunächst die Papierspritzbeutel herstellen (s. S. 57). Farbe (s. S. 56) und Konsistenz des Royal Icing (s. S. 58 und 60) angleichen. Benötigt werden weichzipfeliges und flüssigeres Royal Icing zum Ausfüllen der Innenflächen in den Farben Braun, Gelb, Hellrosa, Dunkelrosa, Blau und Weiß. Nach der Zubereitung die Spritzbeutel zwischen den Arbeitsgängen in wiederverschließbaren Plastikbeuteln vor dem Austrocknen bewahren.

Von der Spitze eines mit braunem weichzipfeligen Royal Icing gefüllten Spritzbeutels ein kleines Stück abschneiden und die Umrisslinien der Cupcakeförmchen nachspritzen. Die umrissenen Innenlinien mit braunem flüssigeren Royal Icing ausfüllen und vollständig trocknen lassen.

Wenn die Glasur getrocknet ist, mit braunem weichzipfeligen Royal Icing die Förmchen umreißen und dekorieren.

Von der Spitze eines mit gelbem weichzipfeligen Royal Icing gefüllten Spritzbeutels ein kleines Stück abschneiden und das „Frosting" der Cupcakes auf einem Fünftel der Cookies umreißen. Die umrissenen Innenflächen mit gelbem flüssigeren Royal Icing ausfüllen. Leicht fest werden lassen, dann mit bunten Zuckersprenkeln besprenkeln.

Vorgang für die verbleibenden Cookies wiederholen, dabei jeweils eine gleiche Anzahl mit hellrosafarbenem, dunkelrosafarbenem, blauem und weißem Royal Icing dekorieren. Vollständig trocknen lassen.

Gespenster & Skelette

ERGIBT 20 GESPENSTER & 12 SKELETTE

ZUTATEN

1 Lage Lebkuchen-Cookies (s. S. 9) in der Form von Gespenstern (8 x 12 cm)

1 Lage Schoko-Cookies (s. S. 8) in der Form von Lebkuchenmännern (9 x 12 cm)

600 g Royal Icing (s. S. 56)

schwarze Lebensmittelfarbe

SPEZIALWERKZEUG

kleiner Elektrobohrer mit 3-mm-Aufsatz für den Lebensmittelgebrauch

dünne orangefarbene Satin-Schleifenbänder

TIPP

Für die Skelette können Lebkuchenmänner dienen, auf die von Hand Skelette gespritzt werden.

Zunächst die Papierspritzbeutel herstellen (s. S. 57). Farbe (s. S. 56) und Konsistenz des Royal Icing (s. S. 58 und 60) angleichen. Benötigt werden weichzipfeliges Royal Icing in Schwarz und Weiß sowie flüssigeres weißes Royal Icing zum Ausfüllen der Innenflächen. Nach der Zubereitung die Spritzbeutel zwischen den Arbeitsgängen in wiederverschließbaren Plastikbeuteln vor dem Austrocknen bewahren.

Von der Spitze eines mit weißem weichzipfeligen Royal Icing gefüllten Spritzbeutels ein kleines Stück abschneiden und die Umrisslinien der Gespenster auf den Cookie spritzen. Die umrissenen Innenflächen mit weißem flüssigeren Royal Icing ausfüllen und vollständig trocknen lassen. Wenn die Glasur getrocknet ist, mit schwarzem weichzipfeligen Royal Icing die Augen und Münder der Gespenster aufspritzen. Das schwarze weichzipfelige Royal Icing kann auch verwendet werden, um Spinnweben auf einige Gespenster zu spritzen. Vollständig trocknen lassen.

Mit dem weißen weichzipfeligen Royal Icing die Umrisslinien der Skelette aufspritzen. Die umrissenen Innenflächen mit weißem flüssigeren Royal Icing ausfüllen und vollständig trocknen lassen.

Zum Schluss Löcher in die Gespenster-Cookies bohren (s. S. 7) und dünne orangefarbene Satin-Schleifenbänder durch die Löcher ziehen.

Eiskristalle

ERGIBT 6 COOKIES JEDER GRÖSSE

ZUTATEN

1 Lage Lebkuchen-Cookies (s. S. 9) in verschiedenen Schneeflockengrößen und -formen:
klein (4 cm ∅), mittel (8 cm ∅) und groß (12 cm ∅)

500 g Royal Icing (s. S. 56)

Superwhite Icing Whitener (optional)

silberne Zuckerperlen

Zunächst die Papierspritzbeutel herstellen (s. S. 57). Farbe (s. S. 56) und Konsistenz des Royal Icing (s. S. 58 und 60) angleichen. Benötigt werden weichzipfeliges und flüssigeres Royal Icing zum Ausfüllen der Innenflächen in Weiß. Es kann evtl. etwas Superwhite Icing Whitener (Pulver zum Weißen des Royal Icing) hinzugefügt werden, um sicherzustellen, dass das Icing weiß bleibt, wenn es auf die dunkelfarbigen Cookies gespritzt wird. Nach der Zubereitung die Spritzbeutel zwischen den Arbeitsgängen in wiederverschließbaren Plastikbeuteln vor dem Austrocknen bewahren.

Von der Spitze eines mit weißem weichzipfeligen Royal Icing gefüllten Spritzbeutels ein kleines Stück abschneiden und die Eiskristall-Deko auf alle Cookies spritzen. Bei größeren Dekorationsabschnitten zunächst die Umrisslinie mit weißem weichzipfeligen Royal Icing aufspritzen und die entstandene Innenfläche mit flüssigerem weißen Royal Icing ausspritzen.

Um silberne Zuckerperlen auf den Cookies anzubringen, einen Tupfen weichzipfeliges Icing auf den Cookie spritzen und die Zuckerperle daraufsetzen und leicht in die Glasur drücken. Bei Bedarf eine Pinzette verwenden, um die Zuckerperlen an der richtigen Stelle zu platzieren.

Lebkuchenhaus

ERGIBT 3 LEBKUCHENHÄUSER

ZUTATEN

1 Lage Lebkuchen-Cookieteig (s. S. 9) in der Form der Hausbauteile: 8 cm (Breite) x 12 cm (Höhe) x 10 cm (Tiefe)

Mehl zum Bestäuben

500g Royal Icing (s. S. 56)

SPEZIALWERKZEUG

Lebkuchenhaus-Ausstecher und -Schablonen von Peggy Porschen bzw. selbst gemacht (s. S. 62)

TIPP

Wenn keine Schablonen vorhanden sind, kann das Muster freihändig mit weichzipfeligem Royal Icing aufgespritzt werden.

Teig auf eine leicht bemehlte Oberfläche legen und kurz kneten. 5 mm dick ausrollen und in sechs Bauteile für das Haus ausstechen – zwei für Vorder- und Rückseite (8 x 10 cm), zwei für die Seiten (8 x 6 cm) und zwei für das Dach (10 x 7 cm). Kalt stellen und dann wie die Lebkuchen-Cookies backen.

Die Hälfte des weißen Royal Icing auf weichzipfelige Konsistenz (s. S. 58) bringen und in einer mit einem feuchten Tuch abgedeckten Schüssel vor dem Austrocknen bewahren. Die Cookies mithilfe der Schablonen prägen (s. S. 62). Sollte das Muster etwas unsauber aussehen, kann es mit der Spitze eines kleinen Messers versäubert werden. Vorgang für die verbleibenden Bauteile wiederholen und vollständig trocknen lassen.

Einen Papierspritzbeutel herstellen (s. S. 57) und mit steifzipfeligem Royal Icing füllen (s. S. 58). Die Bauteile mit der geprägten Seite nach unten auslegen, als wollte man die vier Hauswände auseinanderfalten. Ein kleines Stück von der Spitze des Spritzbeutels abschneiden und mit Royal Icing eine dicke Linie entlang der Vorder- und Rückseite des Hauses spritzen, dann die Teile mit den Seitenwänden zusammenkleben; solange mit den Händen unterstützen, bis sie sicher von allein stehen bleiben. Mindestens 15 Minuten trocknen lassen. Eine weitere dicke Linie entlang der oberen Ränder der Seitenwände spritzen und die beiden Dachteile darauf kleben. Dort, wo sie sich treffen, etwas mehr Royal Icing aufspritzen und trocknen lassen.

Ein größeres Loch in die Spitze des Spritzbeutels schneiden und eine Schlangenlinie über die Hauskanten und einige dekorative Elemente aufspritzen, wodurch die Ansatzpunkte und evtl. beim Zusammenkleben verlaufenes Royal Icing verborgen werden.

Peggys rosarote Konditorei

ERGIBT 2 KONDITOREIHÄUSER

ZUTATEN

1 Lage Schoko-Cookieteig (s. S. 8) in Stücken: 8 cm (Breite) x 12 cm (Höhe) x 8 cm (Tiefe)

Mehl zum Bestäuben

500 g Royal Icing (s. S. 56)

rosafarbene Lebensmittelfarbe

SPEZIALWERKZEUG

Ausstecher für die Konditorei-Bauteile und Schablonen (Peggy's Pink Parlour Set), erhältlich bei Peggy Porschen oder selbst gemachte Bauteile (s. S. 62)

TIPP

Sofern keine Schablonen vorhanden sind, können die Einzelheiten des Hauses mit weichzipfeligem Royal Icing aufgespritzt werden.

Teig auf eine leicht bemehlte Oberfläche legen und kurz kneten. Teig 3 mm dick ausrollen und in fünf Bauteile für das Haus aufteilen – zwei für Vorder- und Rückseite (8 x 12 cm), zwei für die Seiten (8 x 12 cm) und eine für das Dach (8 x 8 cm). Kalt stellen und dann die Cookies wie üblich backen.

Die Hälfte des Royal Icing zu weichzipfeliger Konsistenz anrühren. Royal Icing in einer mit einem feuchten Tuch abgedeckten Schüssel vor dem Austrocknen bewahren. Muster mithilfe der Schablonen aufbringen (s. S. 62). Sollte das Muster etwas unsauber aussehen, kann es mit der Spitze eines kleinen Messers versäubert werden, solange die Glasur noch nass ist. Vorgang für die verbleibenden Bauteile wiederholen.

Das Haus zusammensetzen, sobald die Cookies getrocknet sind. Den Papierspritzbeutel herstellen (s. S. 57). Benötigt wird ein Beutel mit hellrosafarbenem steifzipfeligen Royal Icing (s. S. 58). Von der Spitze des Spritzbeutels ein kleines Stück abschneiden und eine dicke Linie aus Royal Icing entlang der Cookieränder aufspritzen, dann die Teile zusammensetzen.

Nun ein größeres Loch von der Spitze des Spritzbeutels abschneiden und eine Schlangenlinie über die Kanten des Hauses spritzen und ein dekoratives Element hinzufügen, wodurch die Ansätze und eventuell beim Zusammenkleben herablaufendes Royal Icing verborgen werden.

Weihnachtspullover

ERGIBT 25 COOKIES

ZUTATEN

1 Lage Lebkuchen-Cookies (s. S. 9) in der Form von Smokings (8 x 10 cm) bzw. entsprechende Ausstecher von Peggy Porschen

ca. 400 g elfenbeinfarbene Zuckerpaste

2 TL Tragant

weißes Pflanzenfett

Lebensmittelfarben: Elfenbein, Weihnachtsrot, Eisblau und Holundergrün

Esskleber

120 g Blütenpaste

SPEZIALWERKZEUG

Prägematte: Wolltextur

Modellierstab: Dresden Tool oder kleines Küchenmesser

kleiner und mittlerer Schneeflocken-Ausstecher mit Auswurf

Zuckerpaste glatt und geschmeidig kneten; falls sich die Paste hart und spröde anfühlt, Tragant und etwas weißes Pflanzenfett hinzufügen. Paste in vier Teile aufteilen. Einen Teil elfenbeinfarben lassen, einen mit roter, einen mit blauer und einen mit grüner Lebensmittelfarbe färben. Pasten zwischen den Arbeitsgängen in wiederverschließbaren Plastikbeuteln vor dem Austrocknen bewahren.

Die elfenbeinfarbene Zuckerpaste auf 2 mm Dicke ausrollen und mithilfe der Wolltextur-Prägematte ein Strickmuster aufprägen. Mit dem Smoking-Ausstecher genügend weiße Pullover ausstechen, um ein Viertel der Cookies zu bedecken; mit Esskleber auf die Cookies kleben. Mit dem dünnen Ende des Dresden Tool Manschetten, Kragen und Bündchen in die Pullover ritzen. Vorgang für die verbleibenden Cookies wiederholen, dabei eine gleiche Anzahl jeweils mit roter, blauer und grüner Zuckerpaste dekorieren.

Die Blütenpaste glatt und geschmeidig kneten; etwas weißes Pflanzenfett hinzufügen, falls sich die Paste hart und spröde anfühlt. Paste in vier Teile aufteilen. Einen Teil weiß lassen, einen mit roter und einen mit blauer Lebensmittelfarbe färben. Paste ca. 1 mm dick ausrollen. Schneeflocken in verschiedenen Farben mit den Schneeflocken-Ausstechern ausstechen. Schneeflocken mit Esskleber auf die Pullover kleben, bei Bedarf überstehende Paste abschneiden.

Royal Icing

ERGIBT 1 KG

ZUTATEN

1 kg gesiebter Puderzucker

1 Spritzer Zitronensaft (optional)

4 Eiweiß oder 25 g Meri White (= Eiweißpulver, gemäß Packungsanweisung mit Wasser zu mischen)

ROYAL ICING FÄRBEN

Royal Icing auf eine saubere, glatte Arbeitsoberfläche oder flache Scheibe neben eine kleine Portion Lebensmittelfarbe in Pasten- oder flüssiger Form geben. Mit dem Palettenmesser eine kleine Menge Royal Icing aufnehmen und mit der Lebensmittelfarbe mischen. Die Lebensmittelfarbe durch das Royal Icing ziehen und dabei kleine Farbpartikel sorgfältig aufdrücken, da nicht ebenmäßig untergemischte Farbpartikel während der Trockenphase des Royal Icing aufbrechen und Flecken verursachen können. Wenn eine ebenmäßige Masse entstanden ist, nach und nach das gefärbte Royal Icing in das weiße Royal Icing mischen, bis der gewünschte Farbton erreicht ist.

Puderzucker, Zitronensaft (sofern verwendet) und drei Viertel des Eiweißes oder Eiweißpulvers in die saubere und fettfreie Schüssel des Elektromixers geben.

Auf niedrigster Stufe ca. 2 Minuten mixen, bis alles gut zusammengefügt ist. Um ein Verspritzen des Royal Icing zu vermeiden, kann die Rührschüssel mit einem Tuch abgedeckt werden. Falls die Mischung zu trocken aussieht, etwas mehr Eiweiß oder Eiweißpulver hinzufügen. Das Royal Icing sollte glatt, aber nicht zu feucht aussehen.

Royal Icing von den Schüsselseiten kratzen und in die Mischung rühren. Falls das Royal Icing immer noch zu trocken und an den Rändern bröselig aussieht, etwas mehr Flüssigkeit hinzufügen. Falls das Royal Icing etwas flüssig und glänzend aussieht, die Konsistenz durch Zugabe von Puderzucker korrigieren.

Weitere 4–5 Minuten auf niedrigster Stufe weitermixen und dabei darauf achten, dass die Mischung nicht zu lange gerührt oder zu luftig wird. Das Royal Icing ist fertig, wenn am Schüsselrand steife Zipfel erscheinen und die Textur glatt ist und einen Satin-Schimmer hat.

Royal Icing in eine saubere Schüssel geben und mit einem feuchten Tuch abdecken. Das Royal Icing kann bei Raumtemperatur bzw. bei Verwendung frischer Eiweiße im Kühlschrank, abgedeckt mit einem Deckel oder Frischhaltefolie, bis zu 1 Woche lang aufbewahrt werden.

Herstellung eines Papierspritzbeutels

Ein rechteckiges Stück (ca. 30 x 45 cm) gewachstes, fettabweisendes Papier oder Silikonpapier diagonal von einer Ecke zur gegenüberliegenden Ecke durchschneiden. Der Schnitt wird sauberer, wenn die Schere anstatt mit Schneidebewegungen glatt durch das Papier geschoben wird. Eines der entstandenen Dreiecke mit der langen Seite nach oben und der kürzesten Seite nach rechts und dem rechten Winkel nach unten halten.

Die kürzere Ecke auf die untere Ecke legen und dabei das Papier einrollen, um ein Hörnchen zu bilden. Mit der linken Hand die längere Ecke zweimal um das Hörnchen wickeln. Die Ecke vorsichtig zum Körper hinziehen, sodass sie an der Rückseite des Hörnchens mit den anderen Ecken zusammentrifft.

Die innerste Papierlage dort, wo sich die drei Ecken treffen, zum Körper hin und nach links ziehen. Dann die oberste Papierlage nach unten zum Körper hin ziehen. Diese beiden Bewegungen abwechselnd vornehmen, bis die Ecken einen scharfen Punkt bilden.

Die Ecken am offenen Ende in den Beutel hineinfalten. Nochmals überfalten, um ein Aufrollen zu verhindern.

Den Spritzbeutel grundsätzlich nur zur Hälfte mit Royal Icing füllen, da der Inhalt sonst herausquillt, wenn der Beutel gedrückt wird. Wenn der Beutel gefüllt ist, das offene Ende des Beutels mit dem Saum in der Mitte einer Seite abflachen. Die beiden Ecken an der Öffnung des Spritzbeutels überfalten, dann über die Oberseite des Beutels falten und weiter einfalten, bis es nicht mehr weitergeht. Dadurch entsteht Spannung, welche das Spritzen vereinfacht. Immer vom Saum weg falten.

Gefüllte Spritzbeutel bis zum Gebrauch in wiederverschließbaren Plastikbeuteln aufbewahren. Unmittelbar vor dem Spritzen einen kleinen, geraden Abschnitt durch einen scharfen Schnitt mit der Schere von der Oberseite abtrennen.

Glasurtechniken

ROYAL-ICING-KONSISTENZEN

Royal Icing ist steifzipfelig, weichzipfelig und in etwas flüssiger Form verwendbar. Für die jeweilige Konsistenz muss das Grundrezept lediglich mit Wasser verdünnt werden. Man gibt jeweils einige Tropfen mit dem Palettenmesser in das Royal Icing, bis die gewünschte Konsistenz erreicht ist. Nicht im Gebrauch befindliches Royal Icing grundsätzlich in wiederverschließbaren Beuteln vor dem Austrocknen bewahren.

STEIFZIPFELIGE KONSISTENZ
ZUM ZUSAMMENKLEBEN VON COOKIES

WEICHZIPFELIGE KONSISTENZ
ZUM AUFSPRITZEN VON UMRISSLINIEN, RÄNDERN UND TUPFEN

ETWAS DÜNNERE KONSISTENZ
ZUM AUSFÜLLEN UMRISSENER INNENFLÄCHEN

STEIFZIPFELIGES ROYAL ICING

Entweder Royal Icing am Tag der Herstellung verwenden oder die Masse vor der Verarbeitung in eine kleine Schüssel geben und mit dem Palettenmesser durchmischen, um die Mischung zu lockern und zu lüften.

VERWENDUNG

Masse in einen Spritzbeutel geben und vorne ein Stück abschneiden. Entlang der Cookieflächen spritzen, die zusammengeklebt werden sollen.

WEICHZIPFELIGES ROYAL ICING

Das Palettenmesser in Wasser tauchen und durch das Royal Icing ziehen, bis es glänzt. Es sollte Zipfel formen, die umkippen.

VERWENDUNG

Eine kleine Spitze vom gefüllten Spritzbeutel abschneiden. Beutel zwischen Daumen und Fingern halten: den Daumen über das gefaltete Ende des Beutels legen, damit dieser fest geschlossen bleibt; den Zeigefinger entlang des Saums anlegen. Mit dem Zeigefinger der anderen Hand wird die Spritzdüse geführt.

Um Linien zu spritzen, den Beutel im 45°-Winkel halten. Den Startpunkt mit der Spitze des Beutels berühren und die Glasur langsam herausdrücken. Den Beutel ca. 2,5 cm über der Oberfläche halten. Wenn sich die Spitze dem Endpunkt der Linie nähert, den Beutel langsam senken, nicht mehr drücken und die Linie beenden, indem die Spitze des Beutels den Endpunkt berührt.

Um Tupfen zu spritzen, den Beutel ca. 1 mm über der Oberfläche halten und einen Tupfen herausdrücken. Die Spitze niedrig im Tupfen halten, während sich der Tupfen auf die gewünschte Größe ausbreitet, dann nicht mehr drücken und die Spitze mit einer schüttelnden, kreisförmigen Bewegung hochziehen. Falls sich ein kleiner Zipfel bildet, diesen mit einem feuchten Pinsel abflachen.

Glasurtechniken (Fortsetzung)

HERSTELLUNG VON ETWAS FLÜSSIGEREM ROYAL ICING (AUSFÜLLGLASUR)

Das Royal Icing in eine kleine Schüssel geben. Mit dem Spatel mischen und etwas Wasser hinzufügen, bis die Masse glänzt und innerhalb von 4–6 Sekunden fließt und abflacht. Die Schüssel auf eine harte Oberfläche schlagen, um eingeschlossene Luftblasen an die Oberfläche zu bringen, wo sie mit einem Cocktailspieß aufgestochen werden, bevor die Glasur in den Spritzbeutel gefüllt wird.

VERWENDUNG VON AUSFÜLLGLASUR

Spitze des gefüllten Spritzbeutels abschneiden und den Beutel in der bevorzugten Hand halten. Um eine Fläche mit Glasur auszufüllen, direkt innerhalb der mit dem weichzipfeligen Royal Icing gezogenen Umrisslinie beginnen und den Beutel von dort zur Mitte hin bewegen. Nicht zu viel Ausfüllglasur aufbringen, da überschüssige Glasur vom Cookie oder in die Nachbarfarbe verlaufen kann.

Wenn die gesamte Fläche mit Farbe ausgefüllt ist, das Royal Icing mithilfe eines Cocktailspießes in Ecken oder nicht erreichte, kleine Flächen ziehen. Sich bildende Luftblasen mit dem Cocktailspieß aufstechen, solange die Ausfüllglasur noch nass ist.

GLASUR-TIPPS

- Sofern nicht anders angegeben, beim Glasieren der Cookies stets Außenlinien und Innenflächen nur mit einer Farbe zugleich bearbeiten und die Glasur vollkommen trocknen lassen, bevor die nächste Farbe auf den Cookie aufgetragen wird. Auf diese Weise wird verhindert, dass verschiedene Farben ineinanderlaufen können.

- Kräftigere Farben färben gerne durch, wenn sie auf hellere Farben gespritzt werden. Um dieses zu verhindern, muss darauf geachtet werden, dass die erste Farbe vollständig getrocknet ist, bevor die zweite Farbe aufgetragen wird.

- Umrisslinien in kräftigeren Farben werden schneller spröde und bröckelig, weshalb die weichzipfelige Konsistenz bei diesen Farben etwas weicher als üblich ausfallen sollte. Wo immer möglich, sollte auch vermieden werden, zu viel Lebensmittelfarbe hinzuzufügen. So sollte Royal Icing zum Beispiel auf einen kohlegrauen Farbton gefärbt werden, der sich beim Trocknen in Schwarz verwandeln wird.

- Dünne und enge Innenbereiche ausfüllen, während die Umrisslinie noch nass ist, da hierdurch das Risiko der Bildung von Lufttaschen, die sich auf der trockenen Oberfläche als Löcher abbilden, reduziert wird.

Schablonen-Techniken

1 Schablone auf die Oberfläche des Cookies legen und die Schablone an einem Ende festhalten, damit sie nicht verrutscht.

2 Mit dem Palettenmesser eine kleine Menge weichzipfeliges Royal Icing aufnehmen und eine dünne Schicht über die Schablone streichen; darauf achten, dass alle Lücken bedeckt sind.

3 Die Schablone vorsichtig abnehmen und den glasierten Cookie trocknen lassen. Vorgang mit den verbleibenden Cookies wiederholen – die Schablone zwischen jedem Gebrauch reinigen.

TIPP

Unter Verwendung eines dicken Acetatblatts oder des durchsichtigen Deckels eines Plastikbehälters können Schablonen selbst gemacht werden. Das Stück Plastik auf einen Musterentwurf legen und mit einem Künstlermesser die gewünschten Umrisse und Muster ausschneiden.

Brush-Embroidery-Technik für Blütenblätter

1 Von der Spitze eines mit weichzipfeligem Royal Icing gefüllten Spritzbeutels ein kleines Stück abschneiden. Mit Royal Icing den Außenrand jeweils eines Blütenblatts aufspritzen.

2 Mit einem leicht angefeuchteten Pinsel aus der Linie heraus zur Mitte hin Linien ausstreichen, um die natürliche Struktur des Blütenblatts nachzuahmen. Die Außenlinie nicht vollständig durchbrechen, da sonst der Effekt ausbleibt. Um mehr Konturenschärfe zu erzielen, den Pinsel zwischen den Fingern trocknen und leicht abflachen. Den Pinsel durch die Glasur auf dem dünneren Rand ziehen.

3 Jeweils ein Blütenblatt herstellen, dann die gesamte Lage trocknen lassen. Jede Blütenblattlage muss trocknen, bevor die nächste Lage aufgespritzt wird, um der Blüte einen dreidimensionalen Effekt zu verleihen.

Danksagung

Es hat mir viel Freude bereitet, dieses Büchlein zu ersinnen und zu schreiben! Der größte Dank gebührt meinen fantastischen Mitarbeitern. Vielen Dank an mein hervorragendes Team: Stephanie, Tory und Alexia für die Hilfe bei Konzept, Kreation und Lektorierung dieses wundervollen Buchs. Ihr alle habt mit eurem unglaublichen Talent fantastische Arbeit geleistet! Dank an Georgia Glynn Smith für die wunderschönen Fotos sowie an Rebecca Newport für das irre Styling. Die Zusammenarbeit mit euch beiden war überaus anregend. Ein großer Dank geht an das Herausgeber-Team bei Quadrille für den Enthusiasmus, die harte Arbeit und die Unterstützung bei diesem Projekt. Jane O'Shea, Gemma Hogan, Helen Lewis, Lisa Pendreigh und Romilly Morgan – vielen Dank für ein weiteres, wunderschönes Projekt.

Chefredaktion **Jane O'Shea**
Kreativdirektion **Helen Lewis**
Redaktion **Romilly Morgan**
Designer **Gemma Hogan**
Fotograf **Georgia Glynn Smith**
Stylist **Rebecca Newport**
Requisiten **Talking Tables, Brighton Beautiful**
Herstellungsleitung **Vincent Smith**
Herstellung **Aysun Hughes**

Übersetzung aus dem Englischen:
Gesine Osthold, Schwalmtal
Satz: Achim Münster, Overath

Printed in China

ISBN: 978–3-7716–4572–4

www.fackeltraeger-verlag.de

Alle in diesem Buch verwendeten Ausstecher und Schablonen können über www.peggyporschen.com bezogen werden.

Die Ausmaße der Cookies in diesem Buch beruhen alle auf der Formel Breite x Höhe bzw. Breite x Höhe x Tiefe (für die Seiten 50 und 52).